I K 10 21.

RÉPONSES

AUX OBJECTIONS

CONTRE LE RÉTABLISSEMENT

DE PONDICHÉRY,

PRÉSENTÉES A MM. DE L'ASSEMBLÉE NATIONALE,

PAR M. Louis MONNERON,

DÉPUTÉ DES ~~ISLES~~ ORIENTALES.

AVERTISSEMENT.

DANS la conviction où je fuis, que le Commerce de l'Inde, *dirigé fur de bons principes*, doit être une des grandes branches de l'induftrie nationale, j'ai cru devoir publier une réponfe à quelques OBJECTIONS qui m'ont été faites. Je vois, avec regret, que l'évacuation de Pondichéry, a fi fort rallenti les expéditions de l'Inde, que ce commerce eft prefque anéanti. En follicitant fon rétabliffement, je prie le public de croire que ce n'eft point l'intérêt particulier de mes commettans que je plaide, c'eft celui de la Nation entière.

RÉPONSES

AUX OBJECTIONS

CONTRE LE RÉTABLISSEMENT

DE PONDICHÉRY,

*Présentées à MM. de l'Assemblée Nationale,
Par M. LOUIS MONNERON, Député des ~~Isles~~ Orientales.*

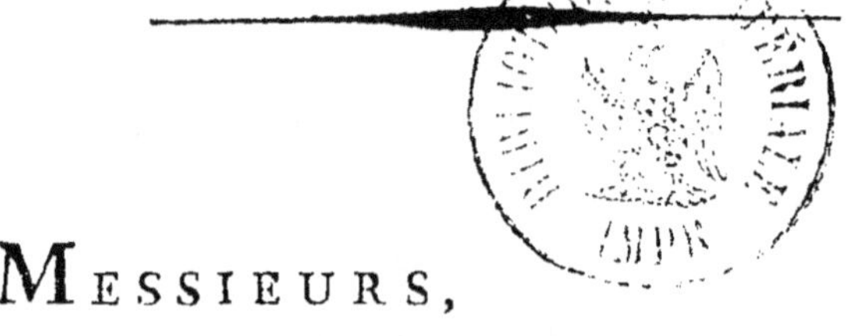

MESSIEURS,

C'EST au moment où deux grandes Puissances viennent de présenter le spectacle imposant d'un armement de cent cinquante vaisseaux de ligne, & d'une dépense de cent cinquante à deux cents millions, pour maintenir leurs droits & leurs prétentions respectives, sur un pays dont le nom nous est presqu'inconnu, qui n'offre qu'un échange très-foible & très-incertain de quelques pelleteries, ou une pêcherie dont les résultats ne peuvent pas compenser les frais d'armemens; que l'on discute si la France doit abandonner, pour la foible économie de deux millions par an, des établissemens dans la partie la plus peuplée de l'univers, qui présentent actuellement une masse annuelle d'affaires de 30 millions; qui offrent à nos denrées & à nos manufactures un débouché constant & avantageux; qui forment &

A 2

inftruifent une pépinière de Marins, dont l'état eft d'enrichir la France en temps de paix, & de veiller à fa défenfe en temps de guerre; qui déterminent l'activité des *Ifles de France* & de *Bourbon*, & lui fervent de fauve-garde dans un mouvement de guerre; qui affaibliffent les reffources d'une Nation, à qui la feule furveillance de *Pondichéry* coûte 25 à 30 millions par an; qui contribuent, plus qu'on ne penfe (je ne faurois trop le répéter), à maintenir notre tranquillité en Europe, & dans lefquels, enfin, nous devons confacrer la maxime conftante & invariable, QUE LE GOUVERNEMENT DOIT PROTECTION ET SURETÉ A TOUS LES FRANÇOIS QUI SONT RALLIÉS SOUS LE PAVILLON NATIONAL ! Car, Meffieurs, ~~&~~ écartant, dans cette queftion, tout ce qui peut être relatif aux Anglois, vous ne devez pas ignorer, qu'en laiffant *Pondichéry* fans défenfe, vous expofez cette colonie, fes propriétés, celles de toutes les perfonnes qui naviguent à la faveur de notre pavillon, à devenir les victimes & la proie du premier Prince Indien qui n'écoutera que fa cupidité ou des impulfions dont il eft inutile de vous préfenter le développement.

Quels font, Meffieurs, les motifs qui pourroient déterminer l'Affemblée Nationale à abandonner *l'Inde ?* Je vais tâcher de les pénétrer, & j'ai la confiance de croire que je parviendrai à les réfuter.

On vous préfentera nos établiffemens en Afie, comme un point, dans l'Univers, qui ne peut remplir d'autre objet que d'entretenir un commerce de luxe, deftructeur de nos Manufactures. J'ai combattu cette affertion dans mon Mémoire, en prouvant, qu'après avoir féparé de ce commerce les matières premières, ainfi que les toiles deftinées à la traite de la côte d'Afrique, les quinze feizièmes des autres toiles alimentoient notre induftrie, par l'apprêt ou la peinture qu'elles en recevoient. J'ai obfervé que l'Angleterre, dont le Commerce de *l'Inde* étoit le triple du nôtre; n'en occupoit pas moins trois cents cinquante mille ouvriers, qui fabriquoient pour 160 millions de toile de coton, & il ne tient qu'à nous d'imiter fon exemple : au refte, ce ne feroit pas le vœu & les argumens de quelques individus qui devroient fixer

l'opinion publique fur ce Commerce; il faudroit au moins la con-
noître par les réclamations des Villes de Commerce & de Manufac-
ture du Royaume, qui ont manifefté un fentiment contraire, en
follicitant le décret que vous leur avez accordé fur la liberté du
Commerce de *l'Inde.*

On cherchera à démontrer les défavantages de ce Commerce, par
la néceffité de le faire en grande partie, avec de l'argent comptant.
J'obferverai que les matières d'or & d'argent, font, en France,
une marchandife comme tous les autres métaux; elles nous parviennent
par des échanges, dont il feroit difficile de fuivre la trace; il fuffit
de dire que, lorfque notre Commerce aura repris fon activité ordi-
naire, la balance fera en notre faveur, & nous aurons, comme
par le paffé, cette maffe de numéraire qui égaloit celle réunie de
l'Angleterre, de l'Efpagne & de la Hollande.

On ne s'appercevoit point, pour lors, que le Commerce de *l'Inde*
nuisît à cette circulation; & à moins de loix prohibitives, très-
févères, qui ne pourroient être appliquables ni aux matières premières, ni aux objets de traite que l'on tire de *l'inde*, il faudroit
conftamment être tributaire de l'Angleterre ou de la Hollande, pour
les productions de l'Afie, ce qui feroit pencher cette balance dont
on voudroit maintenir l'équilibre.

La grande puiffance des Anglois aux *Indes*, leurs vaftes poffeffions,
l'importance de leurs revenus, féront mis en contrafte avec nos chétifs
établiffemens. J'obferverai qu'après avoir perdu le *Canada*, le *Cap-
Breton* & les Ifles adjacentes, nous n'avons pas dédaigné les petites
Ifles de *Saint-Pierre* & de *Miquelon*, qui fervent à nos pêcheurs,
comme les établiffemens de *l'Inde* fervent à nos négocians, à la
différence près, que dans ces derniers, nous avons des propriétés,
de grands intérêts de Commerce & des relations très-fuivies avec
les gens du pays.

La poffibilité, que pour des établiffemens auffi indifférens, nous
foyons engagés dans une guerre, fera une confidération qui fera
mife en avant. La déclaration que vous avez faite à l'Univers entier,

que vous ne voulez point étendre les bornes de cet Empire, eſt une ſauve-garde pour que nos ennemis reſpeɛent nos poſſeſſions, & un frein pour contenir les Agens du Pouvoir exécutif, qui, guidés autre-fois par des vues de fortune & d'avancement, cherchoient à engager des querelles, que leur reſponſabilité les déterminera aujourd'hui à éviter. Votre intention bien manifeſtée, de n'avoir aux *Indes* que des vues défenſives pour la proteɛion & pour la sûreté de notre Commerce, ne peut exciter aucune jalouſie : mais ſi l'Angleterre, qui s'eſt élevée aux *Indes* ſur nos ruines, qui ſait l'intérêt que nous inſ-pirons aux gens du pays, exigeoit de plus grands ſacrifices, funeſtes à notre Commerce, & qui tendroient à dégrader notre dignité ; ſi elle vouloit enfin nous forcer à renoncer au commerce de *l'Inde*, nous ne devrions jamais nous y ſoumettre ; & le moment où nous lui ferions ce ſacrifice, ſeroit celui où elle commenceroit à préparer la ruine de nos Colonies occidentales, & des pêcheries qui ſont le nerf de notre puiſſance maritime.

Mais ſi quelque événement, ajoutera-t-on, amenoit une rupture avec l'Angleterre, quelles reſſources pouvons-nous avoir dans un pays où les Anglois ſont tout, & où nous ne ſommes rien ? Où, avec leurs propres revenus, ils peuvent pourvoir à leurs dépenſes, tandis que nous ne pouvons faire face aux nôtres qu'avec des ſecours d'Eu-rope ? A cela je répondrai que les Anglois ont tout à perdre & rien à gagner ; ainſi, cette poſition offre déjà une chance en notre faveur. Je vous prie de croire, Meſſieurs, que *l'Inde* eſt le ſeul pays où nous puiſſions porter aux Anglois des coups ſenſibles ; & ſi l'expérience de M. de Suffren eut égalé ſon courage, nous en aurions un exemple frappant. *Gibraltar eſt dans le ventre de la Jamaïque*, diſoit M. Daranda, Miniſtre d'Eſpagne. Nos ſuccès en Europe ou dans les Colonies occiden-tales, tiennent à nos expéditions de *l'Inde* ; elles inſpireront toujours des inquiétudes aux Anglois, ſoit qu'elles ſoient étayées par les Princes du pays, ſoit qu'elles agiſſent par leur propre fait. La conſidération de la dépenſe paroît, au premier aſpeɛ, d'une grande conſéquence, mais je vous prie de conſidérer, Meſſieurs, que nous arrêterons, par cette mesure, le Commerce des Anglois, qui s'élève annuellement à cent millions; leurs revenus seront absorbés à garantir dix-huit cents lieues de côtes. Je crois devoir vous mettre sous les yeux la preuve de ce que j'avance. La dernière guerre de *l'Inde* nous a coûté environ 200 millions : voici ce qu'elle a coûté aux Anglois.

Il existoit, en nature, dans le trésor de *Calcutta*, en Juillet 1778. . . . . 50 millions.

Leur revenu aux *Indes* s'élevoit à 120 millions. On voit dans les comptes que la compagnie rendoit au Parlement, le 19 Novembre 1783, qu'il étoit absorbé par les dépenses civiles, militaires, & par les frais de la guerre, ce qui fait pour cinq ans. . . . . 600 millions.

Sur quoi il convient de déduire les dépenses ordinaires, évaluées. 300

Reste donc. 300

On voit dans le compte présenté au Parlement le 2 Juillet 1784, que les traites à payer, tirées de *l'Inde*, s'élevoient à . . . . 150 mil.

Et que la dette à éteindre aux Indes, montoit à . . . . 150 } 300

Je n'exagère pas, Messieurs, en vous assurant qu'il a été tiré des traites depuis 1778 jusqu'en 1783, pour 150

Les frais d'expédition de l'Escadre de l'Amiral Hughes, de 80 vaisseaux de compagnie, pour le transport des troupes; la longue station de ces forces maritimes aux *Indes*, ont dû s'élever au triple de nos propres dépenses, mais je ne les porte que pour , ... 400

T O T A L. . . . . 1200 millions.

Ainfi, Meffieurs, voilà douze cents millions confommés aux *Indes*, fans compter les bénéfices que la Compagnie auroit fait fur fon commerce.

On fe perfuadera aifément que ces dépenfes ne font pas exagérées; puifque le feul mouvement des troupes de *Madras*, pour repouffer les attaques de *Tipoo-Sultan*, occafionnent, dans le moment actuel, une dépenfe extraordinaire de quatre millions par mois; celle de la préfidence de *Bombay* ne fera pas moindre.

On ne peut donc pas fe cacher, qu'une pareille maffe de fonds, employée en Europe, auroit néceffairement influé fur le fort de la guerre; foit en *Amérique*, foit dans les *Antilles*. Ainfi, le Gouvernement François, dans le cas d'une guerre, ne fauroit porter à l'Angleterre, de coups plus fenfibles, & dont les effets puiffent lui être plus funeftes, qu'en dirigeant fes attaques vers l'*Inde*, où eft la fource de fes richeffes & de fa profpérité publique, & où elle préfente le plus de côtés foibles, par la grande étendue de fes poffeffions & par la difpofition des gens du pays, qui ne laifferont jamais échapper l'occafion de les attaquer avec fuccès, & de tirer une vengeance éclatante du fang qui fume encore de *Chandafaeb*, Nabab d'Arcate; de *Mortoufali-Kan*, Nabab du Maduré; des *Saraja Doulha*, Nabab du Bengale. On allèguera que les Anglois n'ont pas été coupables de ces atrocités, mais ils ont pu les empêcher, puifque ces fouverains étoient leurs prifonniers, & on doit leur appliquer cette maxime; CELUI-LA FAIT LE CRIME, A QUI LE CRIME SERT.

Deux hommes célèbres dans l'Hiftoire de l'*Inde*, ont indiqué les moyens d'affurer cette vengeance. Le premier, *Caffamalikan*, Nabab du Bengale, chaffé de fes Etats, cherchoit par toute l'Afie un ennemi au peuple Anglois; fa mort ne lui a permis que de préfenter la théorie de la guerre qu'il falloit leur faire. Le fecond, *Hay der-ally-kan*, l'a mife en pratique, en forçant, en 1768, le Confeil de Madras de venir, en corps, accepter fes conditions

fur

fur les glacis de cette place. Son fils , *Tipoo-Sultan* , héritier de fes talens , de fon courage & de fa haine , ne leur en a pas prefcrites de moins dures en 1784 ; & cette nation fi orgueilleufe , qui avoit voulu confacrer le principe ; *Que l'on ne devoit pas tirer un coup de canon en Europe , fans la permiffion du Parlement de la Grande - Bretagne* , a dévoré ces humiliations. On objectera que c'eft en Europe même , où il faut en impofer à l'Angleterre , par des tentatives de defcentes dans fon propre pays. On citera , peut-être , fon propre exemple dans l'expédition de *Belle-Ifle* , ordonnée à fi grands frais , dans la pénultième guerre ; mais il faut obferver qu'à cette époque , prefque toutes nos colonies étoient en fa poffef-fion , nous n'avions plus de forces maritimes à lui oppofer. Il convenoit à fa politique de faire flotter fon pavillon à la vue des côtes de France ; de prouver à l'Europe au moment ou des négo-ciations étoient entamées , que la guerre n'étoit plus pour elle qu'un jeu ; elle n'a pas donné un fpectacle de cette efpèce dans la der-nière guerre ; on ne l'a point vu s'énorgueillir de fes fuccés du 12 Avril 1782 ; fes Miniftres n'en ont pas moins follicité pour lors une paix qui lui étoit fi néceffaire. Mais écartons , Meffieurs , tous ces détails affligeans fur des calamités publiques ; n'envifageons l'*Inde* que dans les rapports de commerce , qui rapprochent les hommes de tous les pays , qui les lient les uns aux autres par des befoins réciproques ; qui font de l'Univers entier une Répu-blique de frères ; confidérons l'exiftence que la France doit y avoir & fi , en définitif , les avantages qu'elle doit en recueillir peuvent compenfer les dépenfes qu'exigent le maintien & la fûreté de fes établiffemens.

Si le commerce de l'*Inde* fe fait , Meffieurs , comme par le paffé , & qu'il s'élève à la fomme de 30 millions , comme je l'ai établi dans mon Mémoire , il n'eft pas douteux que les frais d'en-tretien de nos établiffemens en Afie , feront compenfés par les revenus du pays & par les droits d'indult & des fermes. Si le Gouvernement l'envifage comme un commerce de luxe , deftructeur de notre induſtrie nationale, & qu'il juge convenable de le proſ-crire par des loix prohibitives; il doit encore maintenir ſur un pied reſpectable ſes poſſeſſions dans l'*Inde* ; j'aime à croire qu'il y ſera invité par les Villes Maritimes du Royaume, qui ne ſe refuſe-ront pas à laiſſer taxer 100 livres chaque bâtiment deſtiné à la na-vigation des Colonies Orientales & Occidentales, pour aſſurer une perception de deux millions ; juſqu'à ce que par une navigation ſuffi-ſamment animée, les douanes perçues aux *Indes*, puiſſent pourvoir à cette dépenſe.

On ne peut pas diſconvenir que ce commerce n'ait été juſqu'à préſent dans l'enfance, quoiqu'il fût ſuſceptible d'une très-grande extenſion & d'un très-grand développement.

En jettant les yeux ſur l'Aſie, on voit par-tout, Meſſieurs, une grande population qui ſurpaſſe, à elle ſeule, celle des trois autres parties de l'Univers. Dans la plupart des Royaumes de ce vaſte Continent, le François eſt admis dans l'intérieur des terres, à échanger ſes marchandiſes avec bien moins d'entraves qu'il n'en éprouvoit autrefois en France, ſous le régime de la fiſcalité. Ses vaiſſeaux peuvent mouiller dans tous les Ports de l'Aſie : chaque pays a des productions particulières & des beſoins qui commandent des échanges. Les Côtes de *Moſambique*, de *Soffala* & d'*Abyſſinie*, fourniſſent de l'or, de l'ivoire, de ces coquilles qui ſervent de monnoie à *Bengale*, & de ces malheureux, dont l'âpreté des climats de nos Colonies Occidentales, nous rend le ſervice indiſpenſable, mais dont le ſort, j'oſe le dire, eſt préférable à celui auquel on les a ſouſtraits, & même à celui de la plupart des Payſans de l'Europe. Les golfes de l'Arabie & de la Perſe, offrent des Par-fums, des Caffés, des Perles, des drogues médicinales & une maſſe de numéraire de 25 à 30 millions qu'ils reçoivent des Caravanes, & qu'ils verſent en Aſie. La Côte, Malabar a ſes cotons, ſes bois & ſon poivre. Les Iſles Maldives ont leur cauris & cet excellent kaire pour les cables & les manœuvres courantes des vaiſſeaux. L'Iſle de Ceylon, produit du kaire, de la canelle, des noix de cocos &

d'Arrèque, des huiles & des liqueurs fpiritueufes. La Côte Coromandel a fes toiles. Le Bengale réunit à lui feul toutes les productions de l'Afie & une abondance de vivres qui fait négliger quelquefois au cultivateur de recueillir fa récolte. Le Pégou a fes forêts de bois de conftruction, fes huiles & fes métaux. Par toute la côte de l'Eft, on y trouve du poivre , du calin, de l'cr & de l'argent. Les Moluques abondent en épiceries & en pierres précieufes. La Chine, la Cochinchine & le pays de Siam , fourniffent en abondance des fucres, des thés, des porcelaines, des foies, écrues & ouvrées. Les Manilles font l'entrepôt du commerce du Pérou : enfin , de toutes parts, on n'apperçoit que des fources de richeffes. Au milieu de ces canaux, s'élève l'*Isle-de-France*, que la nature a placée pour être le centre de toutes ces communications, puifque, dans l'efpace d'un mois, elle peut recevoir & expédier des vaiffeaux pour toutes les parties de l'Afic. Envifagée fous ce point de vue, elle doit parvenir à un grand état de profpérité. La falubrité, la température de fon climat, la fertilité de fon fol, doivent y attirer & fixer un grand nombre d'Européens, dont l'activité dédommagera un jour le Gouvernement des dépenfes qu'exigent actuellement fon entretien.

Si vous jettez les yeux ; Meffieurs, fur la fituation de notre marine marchande, vous verrez qu'elle a befoin de toutes fortes d'encouragemens. La nature nous avoit deftiné à rivalifer l'Angleterre; mais, dans ce rapport, cette Puiffance nous a laiffé bien loin derrière elle : il ne doit pas être au-deffous de votre confidération, d'en approfondir les caufes, & vos recherches à cet égard, ne peuvent que renfermer le plus grand intérêt, puifqu'elles embrafferont toutes les branches de l'induftrie Nationale, qui, jufqu'à préfent, ne vous ont pas été préfentées par vos Comités de marine, Colonial, d'Agriculture & de Commerce réunis, dont le travail a été abforbé par les troubles qui font furvenus dans les Colonies, par les armemens de nos ports & par quelques règlemens fur le reculement des barrières : il feroit bien à defirer, cependant de voir quelques plans sur cette source de richesses publiques. On m'observera, que je ne parle que d'une cause secondaire, & que la prospérité de la France ne dépend ni de sa marine, ni de ses Colonies, ni de ses manufactures; elle la tient de ses vins, de ses eaux-de-vie, de ses bleds, de ses huiles, de ses savons, de ses laines & de ses soies. Les peuples chez qui ces productions sont étrangères, ajoutera-t-on, viendront les échanger sans aucuns soins, de notre part, contre leur or & leur argent. A cela je répondrai, que les conséquences d'un pareil principe, peuvent & doivent être extrèmement funestes. Supposons, Messieurs, qu'il survienne de ces orages désastreux, tels que ceux qui ont détruit, en un clin-d'œil, les récoltes de plusieurs Provinces, les 5 & 13 Juillet de l'année 1788, & qui ont frappé de stérilité, pendant deux ou trois ans, les vignes de ces mêmes provinces. Quelle espèce de soulagement pouvez-vous offrir à ces malheureux, si l'industrie nationale ne vient pas à leur secours, si les fruits de cette même industrie ne vivifient pas le trésor public, soit par la perception des droits, soit en facilitant des emprunts ? » Il est impossible » disoit un membre d'une administration provinciale, dans une lettre datée de Chartres, le 16 Juillet « de peindre la consternation de cette Pro-» vince; le désespoir est dans tous les cœurs; nous sommes en-» vironnés de malheureux qui demandent du pain; ils envient le » sort de ceux qui ont été écrasés & appellent la mort pour les » délivrer de leurs peines ». Ce tableau seul suffit, Messieurs, pour exciter votre attention sur les moyens à préparer pour affoiblir de pareilles calamités, lorsqu'elles se renouvelleront.

A toutes ces considérations qui vous invitent à vous occuper du Commerce de l'*Inde*, permettez-moi, Messieurs, de vous en présenter deux très-importantes, pour lesquelles je réclame particuliérement votre attention.

La première, est relative à la nécessité dans laquelle vous êtes de donner du développement & de l'extension à l'industrie nationale, pour procurer les moyens de subsister à des milliers.

d'hommes, que les réformes que vous venez d'opérer, laissent sans service & sans état. Les mesures que vous adopterez pour des Atteliers de Charité, des defrichemens ou des constructions de canaux seront insuffisantes. Le Commerce de l'*Inde*, sa navigation, seront d'une grande ressource pour employer un grand nombre d'individus qui bénira vos nouvelles loix au lieu de se livrer à son désespoir.

La seconde, est relative à l'emploi des fonds que vous destinez au Département de la Marine, certainement votre intention, Messieurs, n'est pas de n'avoir qu'une Marine matérielle ; vous désirez former des Officiers & des Matelots, qui puissent soutenir la gloire de votre pavillon, protéger votre Commerce & vos Colonies. La navigation de l'*Inde* est la meilleure école que vous puissiez leur donner ; le changement d'hémisphère présente un vaste champ à l'astronomie : les élémens, les climats, la longueur des voyages, les vents généraux, variables & de Mousson, se combinent pour leur offrir le spectacle imposant de la nature dans tous ses mouvemens. En consultant l'expérience, vous verrez, Messieurs, qu'un seul voyage des *Indes* est plus instructif & forme plus de Marins, que dix voyages dans les Colonies Occidentales, qui ne sont propres qu'à les énerver par le peu de durée de la navigation & par la longueur des relâches.

Il résulte, Messieurs, de l'exposé que je viens de vous faire, que des principes d'humanité & des intérêts très-pressans de politique & de Commerce, vous invitent à maintenir sur un pied respectable de défense vos établissemens aux *Indes* & à adopter le projet de décret que j'ai eu l'honneur de vous présenter le 15 du mois d'Octobre dernier, & que je vais vous remettre sous les yeux.

ARTICLE PREMIER.

Il sera fait les fonds nécessaires pour achever les fortifications de la ville de Pondichéry.

A R T. I I.

Il fera entretenu pour fa défenfe une garnifon effective de
2200 Soldats Européens.
400 Soldats d'Artillerie.
1200 Cipahis.

A R T. I I I.

Il y fera entretenu une artillerie & les munitions néceffaires pour
fa défenfe.

Paris, 20 Février 1791.

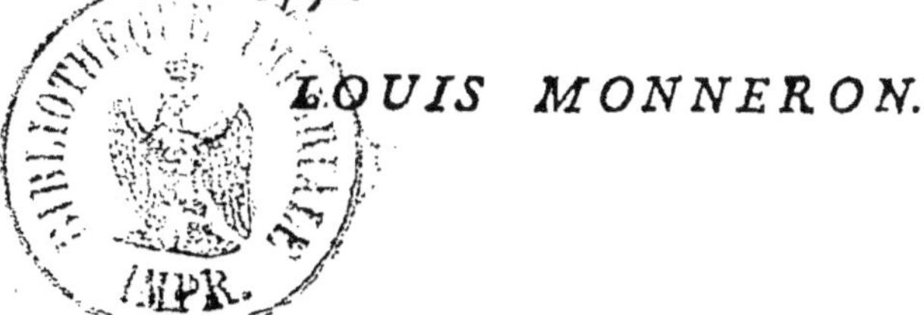

LOUIS MONNERON.

A Paris. De l'Imprimerie de L. POTIER DE LILLE, rue Favart,
n°. 5. 1791.